YOUR KNOWLEDGE HAS VALUE

Nicola Guerra

Semantica e studi migratori: un connubio necessario

Dal Mediterraneo alla Finlandia: il richiamo dello Stato scandinavo per i lavoratori e gli studenti italiani

GRIN Verlag

Bibliografische Information der Deutschen Nationalbibliothek:

Die Deutsche Bibliothek verzeichnet diese Publikation in der Deutschen National-
bibliografie; detaillierte bibliografische Daten sind im Internet über http://dnb.d-
nb.de/ abrufbar.

Imprint:

Copyright © 2011 GRIN Verlag GmbH
Druck und Bindung: Books on Demand GmbH, Norderstedt Germany
ISBN: 978-3-656-20582-1

This book at GRIN:

http://www.grin.com/en/e-book/194594/semantica-e-studi-migratori-un-connubio-
necessario

GRIN - Your knowledge has value

Der GRIN Verlag publiziert seit 1998 wissenschaftliche Arbeiten von Studenten, Hochschullehrern und anderen Akademikern als eBook und gedrucktes Buch. Die Verlagswebsite www.grin.com ist die ideale Plattform zur Veröffentlichung von Hausarbeiten, Abschlussarbeiten, wissenschaftlichen Aufsätzen, Dissertationen und Fachbüchern.

Visit us on the internet:

http://www.grin.com/

http://www.facebook.com/grincom

http://www.twitter.com/grin_com

Semantica e studi migratori: un connubio necessario.

Dal Mediterraneo alla Finlandia: il richiamo dello Stato scandinavo per i lavoratori e gli studenti italiani.

Nicola Guerra – University of Turku

Abstract

Il presente elaborato, prendendo spunto dalle polemiche scatenatesi in Italia a seguito della pubblicazione del *Newsweek* con la graduatoria della qualità di vita nei diversi Paesi del globo (2010), indaga la relazione Italia - Finlandia, non dal punto di vista di classifiche ufficiali e metriche istituzionali, ma prendendo in esame gli interventi spontanei pubblicati da italiani sul Forum de *La Rondine*, a disposizione di coloro che cercano lavoro e casa in Finlandia. L'analisi linguistica e semantica dei contenuti di questi interventi ci aiuterà, infatti, a comprendere i motivi che spingono cittadini italiani a cercare opportunità in Finlandia e la percezione che essi hanno del paese scandinavo rispetto all'Italia. Lo studio dei fenomeni migratori, che è di necessità interdisciplinare, viene qui arricchito di un nuovo strumento che aiuti a cogliere la complessità delle nuove migrazioni: la semantica. I post presi in esame, pubblicati da più di cento persone, sono quelli che vanno dal 15 febbraio 2008 al 2 settembre 2010. L'analisi semantica dei post è stata effettuata utilizzando T-Lab (Tools for Text Analysis - http://www.tlab.it), un software costituito da un insieme di strumenti linguistici e statistici per l'analisi dei testi.

Keywords

Emigration, Semantics, Italy, Finland, Migrations.

1. Il *Newsweek* elegge la Finlandia a paese ideale e bocciata l'Italia

La classifica del *Newsweek* ha eletto la Finlandia a paese ideale in cui vivere e bocciato l'Italia[i]. La graduatoria ha originato dibattiti in Italia[ii] e su *La Rondine*, giornale online di attualità e cultura italiana in Finlandia[iii]. È complesso stilare classifiche sugli standard di vita delle nazioni, ma soffermandoci sul dualismo Italia-Finlandia, indagini precedenti evidenziavano già il primeggiare dello Stato scandinavo. La graduatoria di *Transparency International*, sull'indice di corruzione percepita in un paese[iv], mostra la distanza tra Italia, al 63° posto, e Finlandia al 6°. Inoltre mentre l'Italia spende l'1,2% del proprio Pil a favore di famiglia e maternità, in Finlandia la percentuale sale al 2,9%[v]. Vi sono poi altri parametri, come *The Global Gender Gap Index*[vi], elaborato dal World Economic Forum e dalla Harvard University, che misura l'eguaglianza tra i sessi e il *Freedom of the Press Country Ranking*[vii], elaborato dalla Freedom House, che misura la libertà di stampa, nei quali l'Italia si posiziona distante dalla Finlandia. Nel primo indice la Finlandia si colloca in seconda posizione, mentre l'Italia figura in sessantasettesima. Per quanto concerne il secondo, la Finlandia è il paese in cui la libertà di stampa è maggiore, mentre l'Italia si posiziona al ventesimo posto.

2. La Finlandia e il fenomeno migratorio

Negli anni '90 la Finlandia era una società omogenea e fino ai '70 una società chiusa che non attirava immigrati[viii], oggi anche lo stato scandinavo risente dei cambiamenti intervenuti nei fenomeni migratori che comportano la caduta della figura dell'emigrante come soggetto esclusivamente povero e marginalizzato in conseguenza delle forme di migrazioni scaturite da nuove motivazioni di micro e macro livello imputabili alla flessibilità spaziale, alle forze della globalizzazione e a nuove prospettive di autorealizzazione[ix]. Oggi le migrazioni per motivi di studio[x] o per motivi amorosi[xi] hanno peso maggiore che in passato. Se più di trent'anni fa il sociologo Clifford Jansen sosteneva che gli studi migratori devono essere multidisciplinari[xii], il quadro presente richiede un'interdisciplinarità maggiore. Pertanto questo studio ricorre all'analisi semantica come strumento di comprensione della recente migrazione di italiani in Finlandia. Prendendo spunto dalle polemiche scatenate dalla graduatoria del *Newsweek*, si indaga la relazione Italia-Finlandia nella prospettiva degli italiani che cercano lavoro e casa in Finlandia. L'analisi semantica dei post pubblicati sul Forum de *La Rondine*, a disposizione di coloro che vogliono emigrare nello stato scandinavo, aiuta a comprendere i motivi che spingono gli italiani a emigrare e la loro percezione della Finlandia rispetto all'Italia. Sarà possibile verificare coincidenze e/o discrepanze con le metriche del *Newsweek*. Questa ricerca permetterà, inoltre, di valutare il contributo che la semantica può apportare allo studio delle migrazioni.

I post esaminati, scritti da più di cento persone, vanno da febbraio 2008 a settembre 2010. L'analisi semantica è stata effettuata con T-Lab[xiii], un software costituito da un insieme di strumenti linguistici e statistici per l'analisi dei testi, e così articolata:

1. computo delle occorrenze delle parole e costruzione di una *wordcloud*[xiv] con le parole più citate (la frequenza-soglia scelta è stata pari a 10). È possibile avere una rappresentazione grafica delle discussioni realizzate nel forum, valutando il peso e la rilevanza dei lemmi e dei temi presi in considerazione.

2. analisi delle co-occorrenze di parole-chiave selezionate: individua le associazioni tra lemmi selezionati, mostrando come la co-presenza delle parole determini il loro significato.

3. analisi tematiche delle unità di contesto: una procedura automatica di cluster analysis[xv] (basata sulle co-occorrenze dei lemmi all'interno del testo) che consente di costruire/esplorare una rappresentazione dei contenuti del corpus totale attraverso significativi cluster tematici.

3. Analisi semantica dei post de *La Rondine*

I termini più frequenti nella *wordcloud* sono "lavoro", "finlandese" e "Finlandia", che rappresentano le aree d'interesse principali nelle discussioni.

Fig. 1 - Wordcloud – le unità lessicali più citate

Gli italiani scrivono col desiderio di "trasferirsi" in "Finlandia", chiedendo "consigli" per "trovare" lavoro. La parola "Finlandese" ha un rilevante peso semantico racchiudendo in sé sia l'aggettivo sia il sostantivo che indica la lingua del paese scandinavo, principale ostacolo per riuscire a "vivere" e "lavorare" in Finlandia. Con la procedura di *cluster analysis* si individuano quattro aree tematiche, che vanno a comporre – in rapporto l'una all'altra – lo spazio discorsivo rappresentato nel grafico che segue.

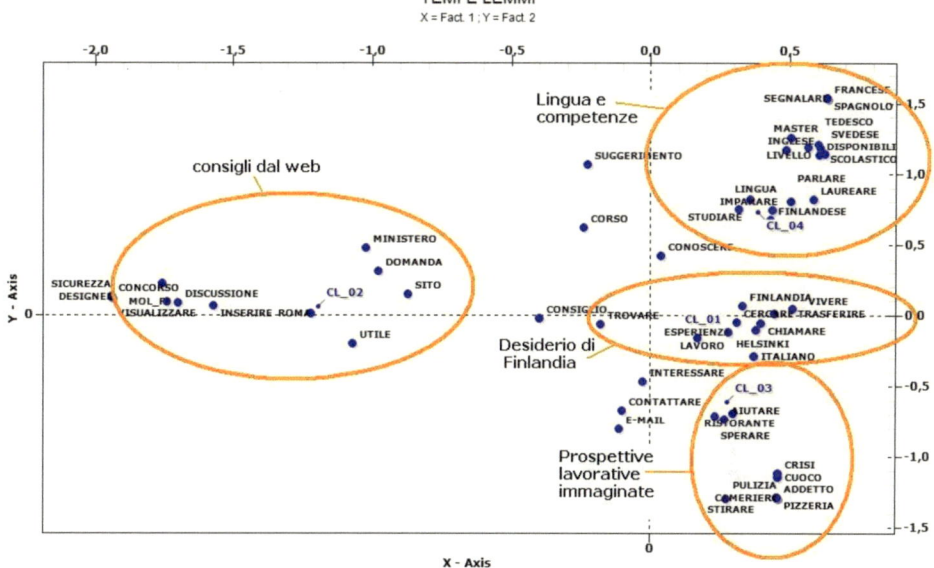

TEMI E LEMMI
X = Fact 1 ; Y = Fact 2

Fig. 2 – Cluster Analysis – Lo spazio discorsivo

Lo spazio è definito incrociando l'asse delle X che possiamo definire *Desiderio di Finlandia/ Consigli dal web* e l'asse delle Y, *Lingua e competenze / Prospettive lavorative immaginate*. Il primo mostra come il "desiderio di Finlandia" si traduca nel forum in risposte e in "consigli dal web". Il secondo mostra la progettualità e i desideri di chi scrive, costruendosi su tre aree tematiche: "lingua e competenze", "desiderio di Finlandia" e "prospettive lavorative immaginate".

4. Perché la Finlandia?

Esplorando l'area tematica *lingua e competenze*, emerge un'autorappresentazione degli utenti del forum. Sono due le tematiche chiave usate per descrivere le proprie competenze: il livello di studio e le lingue parlate. Un utente, alla ricerca di lavoro, scrive: "vi segnalo che, dopo essermi laureato, ho seguito un Master in Logistica e trasporto intermodale e che conosco due lingue straniere, l'inglese ed il francese". Un altro, che mira a completare un percorso formativo post laurea, specifica: "Vorrei dopo la mia laurea (giugno) lavorare (per un periodo più o meno lungo) in Finlandia come stagista, fare un tirocinio, corsi di specializzazione post-laurea o un master relativamente al mio campo di studio, cioè ambiente e ing. civile". Se l'obiettivo principale è trovare un'occupazione e trasferirsi in Finlandia, per alcuni la permanenza è temporanea e mirata ad esperienze formative ritenute superiori alle italiane. Soprattutto chi cerca lavoro per un trasferimento definitivo indica le proprie competenze linguistiche, che sembrano elevate. Oltre all'inglese, lingua che tutti dichiarano di conoscere, ci sono riferimenti a "francese", "spagnolo", "tedesco" e "svedese". La conoscenza del finlandese è percepita come la principale se non unica difficoltà del trasferimento in Finlandia, non per le relazioni coi finlandesi, che "parlano tutti inglese", quanto per l'ingresso nel mondo del lavoro. Alessandra, ventiseienne trasferitasi a Tampere da poche settimane, scrive: "sarei alla ricerca di un lavoro, senza pretese, a Tampere... ho avuto modo di capire da subito che senza sapere il finlandese le possibilità sono davvero poche, ed è comprensibile". Quasi tutte le persone sono pronte ad iniziare al più presto un corso di lingua; alcuni affermano di avere già conoscenze di base e altri contano sull'aiuto del proprio partner finlandese. La mancata conoscenza della lingua locale è, inoltre, uno dei motivi per avviare una attività in proprio, "perché non conoscendo il finlandese potrebbe essere ancor più complicato trovare un lavoro come dipendente".

Le descrizioni delle proprie esperienze pregresse sono in rari casi complete e specifiche, e ciò si riflette sulle *prospettive lavorative immaginate*. La ricerca di lavoro è generica, raramente gli utenti si orientano ad un settore e/o lavoro specifico. Gli italiani palesano una disponibilità a "provare un'esperienza (una qualsiasi), in qualsiasi settore, in qualsiasi città". Se indicano il proprio mestiere, l'indicazione appare generica per una società altamente specializzata come la finlandese. Si trovano messaggi di periti informatici che sono disponibili a un qualsiasi lavoro, anche di "cameriere, servizi di pulizie, magazzino, consegna giornali"[xvi] o di *graphic designer* pronti "a fare QUASI qualsiasi cosa: baby sitter, aiuto in casa, stiro molto bene"[xvii]. Pur di trasferirsi in Finlandia, gli utenti sono disposti a qualsiasi lavoro[xviii] od ad avviare un'attività in proprio. I settori di interesse, in questo caso, sono i più svariati: "mettere in piedi una pizzeria o un ristorante"; "fare importazione di caffè"; "aprire un negozio di prodotti tipici" ed anche organizzare voli turistici in mongolfiera

6

sulla Lapponia. Perché questa disponibilità a tentare qualsiasi strada? Una risposta la fornisce la presenza della parola "crisi". Dai post analizzati emerge un' insoddisfazione per la situazione sociale e lavorativa italiana. Un ragazzo fiorentino, "abilitato come consulente del lavoro con un impiego amministrativo", scrive: "da anni ho maturato la voglia di andare via dall'Italia, paese che mi ha tarpato le ali". Un quarantatreenne, gestore di una mensa scolastica, scrive: "prima telo da qui meglio è". Gli fa eco un altro utente: "non mi piace l'aria che tira in Italia". Un ragazzo sardo specifica che "a Sud c'è disoccupazione e miseria". Dal Sud Italia interi nuclei familiari sono disposti a trasferirsi in Finlandia. Il titolare di un'agenzia grafica di Napoli è in Finlandia alla ricerca di lavoro e scrive: "moglie e figli si trasferiscono appena mi sistemo". Una coppia di Palermo, con figlia di sei anni, vuole trasferirsi perché "stanchi di mafia e di un paese che purtroppo non funziona più". Viene fatto presente che in Finlandia "molti valori sociali sono al di sopra della nostra società [italiana]".

Il *desiderio di Finlandia* si lega alla percezione del paese scandinavo come contraltare di un'Italia che "tarpa le ali"[xix]. La Finlandia è "una società che sembra più egualitaria e più umana". Dagli utenti del forum emerge la grave situazione del Sud Italia e il desiderio di fuga da una realtà sociale di "disoccupazione e miseria", "in balia della mafia", verso una portatrice di "valori sociali superiori"[xx]. La motivazione socio-economica a trasferirsi si lega spesso a quella sentimentale e nelle coppie italo-finlandesi prevale il desiderio di Finlandia rispetto a quello di Italia. Ma vi sono anche intere famiglie che, soprattutto dal Sud, sono disposte a migrare e studenti affascinati dal sistema universitario finlandese. Un peso nel desiderio di trasferirsi in Finlandia lo hanno precedenti esperienze presso università finlandesi e la fama di quel sistema universitario. Alcune studenti universitari, dopo esperienze Erasmus, cercano lavoro in Finlandia per essere autosufficienti e iscriversi all'università in loco. Una ragazza di 21 anni, con esperienza Erasmus di dieci mesi a Helsinki, scrive della propria disponibilità a fare la baby sitter, pur di continuare i suoi studi nella capitale finlandese. Un'altra ragazza di 23 anni, "con Erasmus in corso", ha iniziato a studiare il finlandese e vorrebbe "lavorare per essere autosufficiente" e continuare gli studi. C'è anche chi, ancor prima di finire la scuola superiore in Italia, pensa di proseguire il percorso universitario in Finlandia per poi "costruirmi una vita lì"[xxi].

Infine, il desiderio di vivere in Finlandia è correlato alla percezione del paese scandinavo come nazione bellissima, dalla natura incontaminata e con città vivibili[xxii].

L'area tematica *consigli dal web* mostra lo scambio di informazioni tra fruitori e gestori del forum. Intervengono principalmente i gestori e i lemmi più rappresentativi rimandano a suggerimenti pratico-operativi. I consigli si traducono in segnalazioni delle migliori modalità per rintracciare opportunità e presentare candidature che non siano troppo generiche. Sono frequenti i casi di richieste generiche indirizzate a accettare qualsiasi lavoro indipendentemente da studi e professionalità maturate: una modalità che appare "poco adatta al mondo del lavoro finlandese". Ciò porta a prese di posizione dei gestori del forum che invitano gli utenti a pensare in modo più strutturato e dettagliato la propria ricerca.

5. Conclusioni

I post dei forumisti dimostrano che i valori sociali della Finlandia fungono da forte richiamo. Il paese scandinavo offre, agli occhi degli utenti, opportunità e qualità di vita superiori all'Italia. Non si tratta solo di "emigrare" per abbandonare un'Italia che "tarpa le ali", ma anche di "partire" verso un paese, la Finlandia, ritenuto ideale per costruirsi un futuro migliore. Le metriche di scelta di chi scrive su *La Rondine* sono le stesse usate dal *Newsweek*: un'istruzione superiore, una migliore qualità della vita, un maggior dinamismo economico, una politica più efficiente e la coesione sociale del sistema-paese. Fattori che attraggono gli italiani indipendentemente dall'età e dal livello d'istruzione e che offrono un ritratto della Finlandia come contraltare di un'Italia con sistema sociale ritenuto in dissolvimento.

Le fonti adoperate per studiare l'emigrazione sono: documenti d' archivio (richieste di passaporto, passaporti, direttive locali e ministeriali); fonti orali (interviste); archivi familiari (corrispondenza, archivi fotografici); memorialistica (diari) e dati statistici. Esse consentono la ricostruzione dell'esperienza migratoria perlopiù a posteriori. L'analisi semantica consente di studiare le fonti del Web 2.0 (blog, forum, social network) offrendo una valida integrazione e arricchendo gli studi migratori di una nuova prospettiva. Permette cioè la ricostruzione delle emozioni e delle motivazioni che spingono ad emigrare in tempo reale, nelle immediate vicinanze dell'esodo. Pensando agli esodi del passato, essa garantisce l'analisi di quel bagaglio di informazioni che si sarebbe potuto ottenere intervistando i nostri emigranti sulle banchine dei porti di partenza o di arrivo.

Bibliografia e Sitografia

AA.VV. (2001), *Storia dell'emigrazione italiana. Partenze*, Donzelli Editore, Roma.

AA.VV. (2002), *Storia dell'emigrazione italiana. Arrivi*, Donzelli Editore, Roma.

Academic Ranking of World Universities - ARWU (2010) - http://www.arwu.org/

Adnkronos (2010), "Newsweek boccia l'Italia. Solo 23esima nella lista dei Paesi dove si vive meglio", *Adnkronos*, 17 agosto 2010.

ANSA (2008), "Smog: tra 30 città Ue con aria peggiore, 17 sono italiane", *ANSA*.

Corti P. (2003), *Storia delle migrazioni internazionali*, Editori Laterza, Roma-Bari.
Felici E. (2007), "I divari regionali in Italia sulla base degli indicatori sociali (1871-2001)", *Rivista di Politica Economica*, 97: 359-406.

Festa N. (2010), "Nella fanta-Europa di «The Economist» il Sud è un «Bordello» e sta con la Grecia. Il settimanale inglese ridisegna i confini in base alle reali affinità delle nazioni e alla loro situazione economica", *Corriere del Mezzogiorno*, 05 maggio 2010.

Freedom House (2008), "Freedom of the Press 2008 – Country rankings", in http://photius.com/rankings/freedom_of_the_press_2008.html.

Galassi F. L. (2001), "Measuring social capital: Culture as an explanation of Italy's economic dualism", *European Review of Economic History*, 553: 2-37.

Guerra N. (2001), *Partir Bisogna. Storie e momenti dell'emigrazione apuana e lunigianese*, Provincia di Massa Carrara – Comunità Montana della Lunigiana, Massa.

Guerra, N. (2011), "L'emigrazione di studenti e lavoratori italiani in Finlandia. «Vado a lavorare nel posto più bello del mondo!»", *Rapporto Italiani nel mondo 2011*: 306-318.

Guerra, N. (2011), "L'emigrazione italiana in Finlandia (1990 – 2010). Un nuovo approccio di ricerca: l'analisi semantica come strumento di studio del fenomeno migratorio", *Altreitalie*, N. 43 Dicembre 2011, [forthcoming].

Iezzi L. (2010), "Italia ultima nella spesa per le famiglie", *La Repubblica*, 29 agosto 2010

Il Secolo XIX (2010), "Newsweek: in Finlandia si vive bene. E in Italia? Non proprio", *Il Secolo XIX*, 18 agosto 2010.

Jansen C. (1969), "Some sociological aspects of migration" in Jackson J.A., *Migration*, Cambridge University Press, Cambridge.

Koivukangas O. (2003), "European Immigration and Integration: Finland", Paper presented to conference entitled *The Challenges of Immigration and Integration in the European Union and Australia*, University of Sidney, 18-20 February 2003.

Newsweek (2010), "The World's Best Countries. A Newsweek study of health, education, economy, and politics ranks the globe's top nations", *Newsweek* - http://www.newsweek.com/feature/2010/the-world-s-best-countries.html.

QS World University Rankings - QS Topuniversities (2010)
(http://www.topuniversities.com/university-rankings/world-university-rankings/2010/results

Rastelli A. (2010), "Newsweek boccia l'Italia: solo 23esima nella lista dei migliori Paesi dove vivere. Scavalcata anche nel cibo dai piatti spagnoli di Adrià. Ma si distingue per la qualità dei servizi sanitari", *Corriere della Sera*, 17 agosto 2010.

Russel K. (2002), "Towards a New Map of European Migration", *International Journal of Population Geography*, 8: 89-106.

The Economist (2010), "Imagine if countries could move around like people", *The Economist*, 20 maggio 2010: http://www.economist.com/blogs/theworldin2010/2010/05/map

Transparency International (2009), "Corruption Perceptions Index 2009", *Transparency International*,
http://www.transparency.org/policy_research/surveys_indices/cpi/2009/cpi_2009_table

World Economic Forum (2008), "The Global Gender gap Index 2008 Rankings", in
http://www.allcountries.org/ranks/gender_gap_gender_equality_country_rankings_2008.html

---

[i] L'Italia è stata collocate soltanto in ventitreesima posizione. Newsweek (2010), "The World's Best Countries. A Newsweek study of health, education, economy, and politics ranks the globe's top nations", *Newsweek*: http://www.newsweek.com/feature/2010/the-world-s-best-countries.html.
[ii] Rastelli A. (2010), "Newsweek boccia l'Italia: solo 23esima nella lista dei migliori Paesi dove vivere. Scavalcata anche nel cibo dai piatti spagnoli di Adrià. Ma si distingue per la qualità dei servizi sanitari", *Corriere della Sera*, 17 agosto 2010. Adnkronos (2010), "Newsweek boccia l'Italia. Solo 23esima nella lista dei Paesi dove si vive meglio", *Adnkronos* (http://www.adnkronos.com), 17 agosto 2010. Il Secolo XIX (2010), "Newsweek: in Finlandia si vive bene. E in Italia? Non proprio", *Il Secolo XIX* (http://www.ilsecoloxix.it), 18 agosto 2010.
[iii] Per quanto concerne *La Rondine*, giornale online di attualità e cultura italiana in Finlandia si veda il sito: http://www.larondine.fi/
[iv] Indice di corruzione percepita - *The Corruption Perceptions Index*. Si veda: Transparency International (2009), "Corruption Perceptions Index 2009", *Transparency International*: http://www.transparency.org/policy_research/surveys_indices/cpi/2009/cpi_2009_table
[v] Iezzi L. (2010), "Italia ultima nella spesa per le famiglie", *La Repubblica*, 29 agosto 2010. La media europea di spesa in favore della famiglia e della maternità è del 2,1% del Pil.
[vi] World Economic Forum (2008), "The Global Gender gap Index 2008 Rankings", in http://www.allcountries.org/ranks/gender_gap_gender_equality_country_rankings_2008.html.
[vii] Freedom House, "Freedom of the Press 2008 – Country rankings", in http://photius.com/rankings/freedom_of_the_press_2008.html.
[viii] Koivukangas O. (2003), "European Immigration and Integration: Finland", Paper presented to conference entitled *The Challenges of Immigration and Integration in the European Union and Australia*, University of Sidney, 18-20 February 2003.
[ix] Russel K. (2002), "Towards a New Map of European Migration", *International Journal of Population Geography*, 8: 89-106.
[x] Le *Student Migrations* sono un forma di mobilità che assume un ruolo sempre più crescente a livello europeo. Sebbene vi siano paralleli storici, ad esempio nello studioso medioevale itinerante, dagli anni ottanta del secolo scorso la mobilità degli studenti all'interno dell'Europa è stata fortemente incentivata dalla Commissione Europea con programmi di scambio come l'Erasmus e il Socrates. Cfr. Russel K. (2002), "Op. Cit.", 8: 89-106.
[xi] La spiegazione delle migrazioni contemporanee è sempre più correlata a fattori personali, che hanno comunque una certa significatività su scala sociale, e tra essi figurano quelli sentimentali e amorosi. Secondo Umberto Eco i maggiori benefici del programma Erasmus sono stati culturali e sessuali. Eco sostiene, infatti, che i programmi intereuropei di studio assieme a bilinguismo e multilinguismo hanno incoraggiato i matrimoni misti e le relazioni sentimentali oltre i confini nazionali europei. Da ciò è derivato il fenomeno delle *Love Migrations*. Eco U. (2001), Report in *Times Higher Education Supplement*, 6 July 2001, citato in Russel K. (2002), "Op. Cit.", 8: 89-106.
[xii] Jansen C. (1969), "Some sociological aspects of migration" in Jackson J.A., *Migration*, Cambridge University Press, Cambridge, p.60.
[xiii] Tools for Text Analysis - http://www.tlab.it
[xiv] La *wordcloud* rappresenta le unità lessicali più citate nelle discussioni analizzate: con la peculiare caratteristica di attribuire un font più grande alle parole più citate.

[xv] *Cluster Analysis* è un insieme di tecniche di analisi dei dati volte alla selezione e raggruppamento di elementi omogenei in un insieme di dati.

[xvi] Recita il post integrale: "Io sono perito informatico, mi sono diplomato l'anno scorso in Italia con un punteggio totale di 85/100 (non male) So che Oulu è chiamata la silicon valley della Finlandia, ma finora non ho trovato molto, quindi sarei interessato anche ad altre opportunità di lavoro, come cameriere, servizi di pulizie, magazzino, consegna giornali".

[xvii] Il post integrale è il seguente: "Ciao a tutti! cerco lavoro a Turku, preferibilmente come Graphic Designer e se qualcuno avesse un contatto per questo, sarebbe ottimo. Ma in alternativa sono disposta a fare QUASI qualsiasi cosa: baby sitter, aiuto in casa, stiro molto bene".

[xviii] Un laureato in Scienze politiche si dichiara, ad esempio, disponibile "per qualsiasi lavoro, da dogsitter a operatore ecologico".

[xix] Del resto, ritornando alle valutazioni del *Newsweek*, l'Italia è collocata, per quanto concerne il dinamismo economico, al quarantaquattresimo posto, superata, tra gli altri, da Malesia, Cile, Russia, Croazia, Solvenza e Thailandia. Newsweek (2010), "Op. Cit."

[xx] Anche questo aspetto trova riscontro in un articolo del 2010, di *The Economist*, che immaginando di ridisegnare la mappa dell'Europa come se i paesi potessero spostarsi come le persone e avvicinarsi in base alle affinità, divide l'Italia in due parti: il Nord-Centro, unito in una nuova alleanza regionale, e il Sud, che ha in Roma la sua capitale, e che viene chiamato "Bordello" e separato dal resto del paese. The Economist (2010), "Imagine if countries could move around like people", *The Economist,* 20 maggio 2010: http://www.economist.com/blogs/theworldin2010/2010/05/map. Sull'argomento si veda anche: Festa N., "Nella fanta-Europa di «The Economist» il Sud è un «Bordello» e sta con la Grecia. Il settimanale inglese ridisegna i confini in base alle reali affinità delle nazioni e alla loro situazione economica", *Corriere del Mezzogiorno*, 05 maggio 2010 in http://corrieredelmezzogiorno.corriere.it/napoli/notizie/economia/2010/5-maggio-2010/nella-fanta-europa-the-economistil-sud-detto-bordello-sta-la-grecia-1602961060606.shtml. Sulle problematiche Nord – Sud che dividono l'Italia si vedano: Galassi F. L. (2001), "Measuring social capital: Culture as an explanation of Italy's economic dualism", *European Review of Economic History*, 553: 2-37. Felici E. (2007), "I divari regionali in Italia sulla base degli indicatori sociali (1871-2001)", *Rivista di Politica Economica*, 97: 359-406.

[xxi] "Sono una ragazza di 18 anni di Piacenza e alla fine della maturità vorrei trovare lavoro in Finlandia per potermi pagare gli studi al Politecnico di Jyväskylä nell' 'anno 2010 . Ho già abitato a Jkl per 10 mesi grazie ad uno scambio AFS Intercultura e il sogno più grande che ho è di poterci tornare e costruirmi una vita lì". Questo desiderio di studiare in Finlandia trova riscontro sia nell'*Academic Ranking of World Universities - ARWU* (2010) (http://www.arwu.org/) sia nel *QS World University Rankings - QS Topuniversities* (2010) (http://www.topuniversities.com/university-rankings/world-university-rankings/2010/results), ma anche nella già citata valutazione del *Newsweek*. Nella classifica del *Newsweek* l'Italia, per quanto concerne l'istruzione, viene collocata al trentaquattresimo posto, dietro quasi tutta l'Europa dell'Est, ma anche a Cuba e Kazakistan.

[xxii] Si tenga conto del fatto che, sulle trenta città europee con il livello più basso di qualità dell'aria, ben diciassette sono italiane. ANSA (2008), "Smog: tra 30 città Ue con aria peggiore, 17 sono italiane", *ANSA*, http://www.ansa.it.